Reyhan Uydaci

Meine Ausmalwelt

Wald und Natur

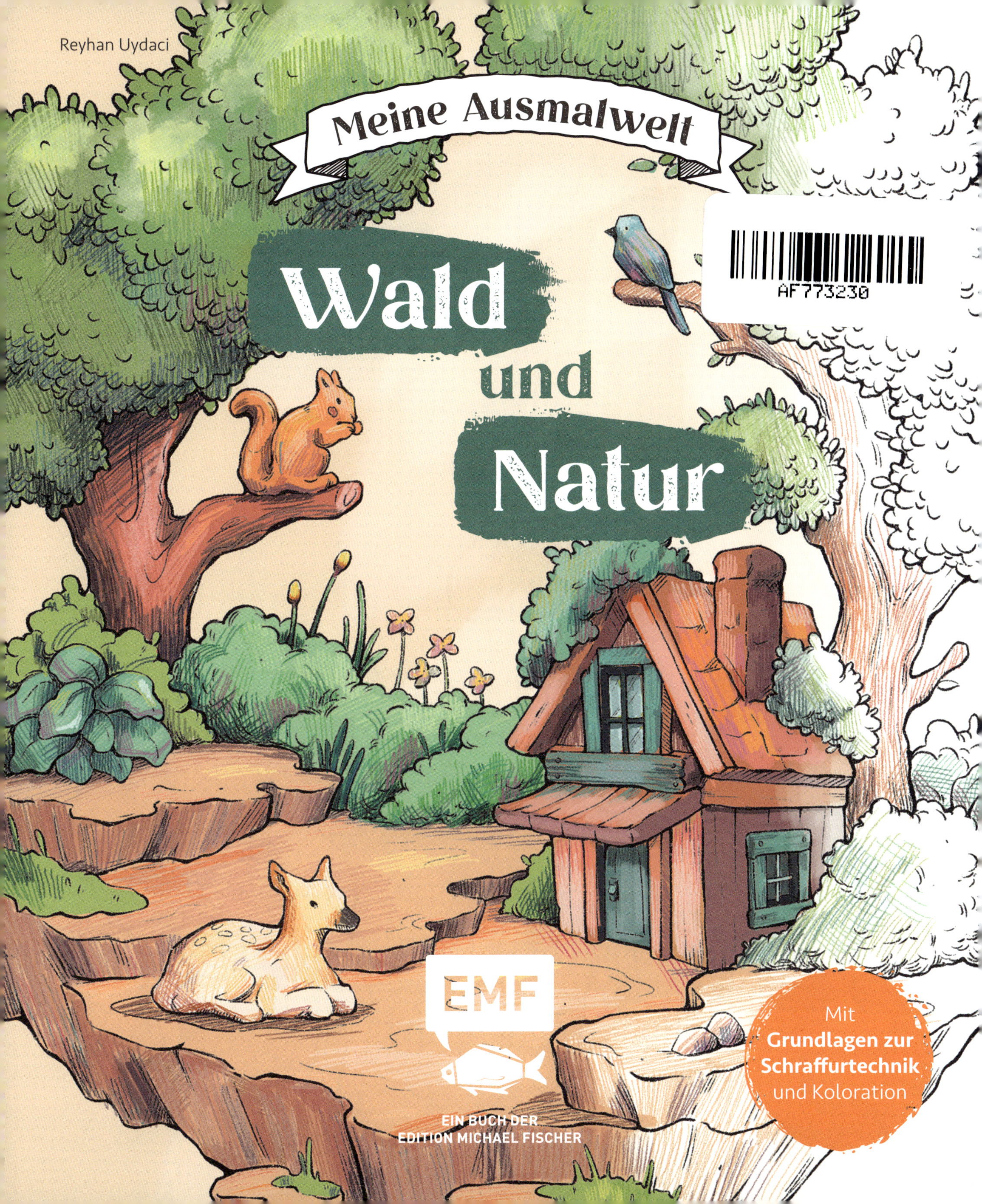

Mit **Grundlagen zur Schraffurtechnik** und Koloration

EMF
EIN BUCH DER
EDITION MICHAEL FISCHER

Vorwort

Willkommen in der magischen und zauberhaften Welt der Natur und des Waldes. Dieses wunderbare Reich ist gefüllt mit leuchtenden Blumen, faszinierenden Tieren, dem weiten Ozean und atemberaubenden Landschaften, die mit einer Fülle von natürlichen Elementen verwoben sind. Jedes Mal, wenn du die Seite umblätterst, wirst du an einen anderen Ort versetzt und kannst beim Ausmalen in eine andere, magische Welt entfliehen.

Die Natur hat mich schon immer beruhigt, ob ich nun mit dem Fahrrad am Strand entlangfahre, einen friedlichen Spaziergang im Wald mache oder frühmorgens den Vögeln zuhöre. Den Sonnenaufgang über dem Meer zu beobachten, erfüllt mich mit Freude und Zufriedenheit. Auch die Farben der Unterwasserwelt ziehen mich in ihren Bann; die immense Vielfalt an Fischen und Korallen ist wirklich erstaunlich.

Die Natur mit ihrer unendlichen Vielfalt an Formen, Farben und Gestalten ist eine grenzenlose Inspirationsquelle für mich, die ich beim Zeichnen nutze. Jede Blume, jedes Tier und jedes Landschaftselement bietet einzigartige Merkmale, die ich in meinen

Bildern gerne einfange und stilisiere. Ob ich nun digital oder mit traditionellen Methoden zeichne, mein Ziel ist es immer, die Schönheit meines Motivs zu vermitteln und ihm gleichzeitig meinen eigenen Stil zu geben. Ich habe das Glück, in einer Stadt nahe am Meer zu leben, umgeben von zahlreichen Naturlandschaften wie wunderschönen Wasserfällen, üppigen Wäldern und bezaubernden Buchten. Diese Umgebung inspiriert mich oft, aber ich glaube, dass man Spuren der Natur überall finden kann. Ein alter Baum im Park oder Blumen in der Nachbarschaft sind ebenso inspirierend. Der Nachthimmel, vor allem wenn er mit Sternen gefüllt ist, scheint mir etwas ganz Besonderes zu sein, weshalb ich oft den Mond und die Sterne in meine Illustrationen integriere. Es ist eine dezente Anmutung, die der Landschaft einen magischen Glanz verleiht.

Ich mag es auch, die Natur in ungewöhnliche Umgebungen einzubinden, indem ich Elemente aus der Natur in ein unerwartetes Umfeld einbaue, wie etwa in eine Küche oder einen Raum, in dem man normalerweise keinen Baum finden würde, oder in eine Farbtube, die mit Pflanzen statt mit Farbe gefüllt ist. Für mich ist das eine kleine, aber wichtige Möglichkeit, die Natur in meine Zeichnungen zu integrieren.

Letztendlich geht es bei diesem Malbuch nicht nur um das Ausmalen der Seiten, sondern darum, die Tätigkeit selbst zu genießen. In unserem hektischen Leben werden wir oft vom Stress überwältigt, aber beim Kolorieren dieser Bilder hast du die Möglichkeit, dich zu entspannen, wann immer du willst dem täglichen Druck zu entfliehen und in jedem Moment Ruhe und Entspannung zu finden.

Wenn du diese Seiten voller Natur ausmalst, nimm dir einen Moment Zeit, um die einfachen Wunder um uns herum zu würdigen. Von einem niedlichen Vogel bis zu einem hübschen Baumhaus im Wald bietet dir jede Illustration einen kleinen Moment des Gefühls von Naturverbundenheit. Ich hoffe, dieses Malbuch bringt dir Freude und Entspannung. Möge es dich daran erinnern, dir Zeit für dich selbst zu nehmen, die Schönheit der Natur zu lieben und durch die einfachen Freuden des Lebens Frieden zu finden.

Und nun wünsche ich dir ganz viel Spaß beim Ausmalen und Eintauchen in die Naturmotive!

Reyhan

Tipps und Techniken zum Ausmalen

BESTIMME ZUERST DEINE FARBPALETTE

Nimm dir bitte einen Moment Zeit, bevor du mit dem Ausmalen beginnst, um die Farben auszuwählen, die du verwenden möchtest. Bei dieser Vielzahl an Möglichkeiten kannst du leicht ins Stocken geraten, wenn du ohne Plan loslegst. Außerdem macht das Malen mit einer bereits festgelegten Farbpalette viel mehr Spaß. Ordne dein Material und lege es so zurecht, dass sich alles, was du brauchst, in Reichweite befindet, damit du dich ganz auf das Kolorieren konzentrieren kannst!

HARMONISIERE DEINE FARBEN

Mit einigen Grundkenntnissen in der Farbenlehre lassen sich erheblich bessere Resultate erzielen. Sieh dir den Farbkreis an und mach dich mit den Komplementärfarben vertraut – Paaren wie Rot und Grün, Gelb und Violett oder Blau und Orange, die sich im Farbkreis gegenüberliegen. Sie erzeugen in der Kombination einen starken Kontrast (oder harmonischen Zweiklang), der deine Farbgebung zum Leben erweckt. Hier sind einige Farbkombinationen, die du basierend auf dem Farbkreis erstellen kannst:

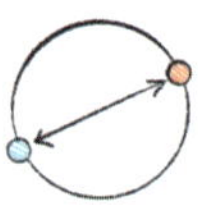

a. Komplementäre Farbpalette

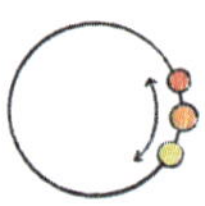

b. Analoge Farbpalette

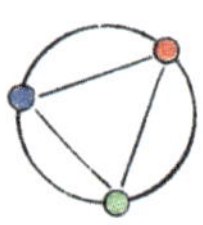

c. Triadische Farbpalette

MACH DICH MIT DEINEM MATERIAL VERTRAUT

Jedes künstlerische Medium verhält sich anders, daher ist es wichtig, die Eigenschaften deiner Arbeitsmaterialien zu kennen. Ob du nun Alkoholmarker oder Buntstifte bevorzugst – nimm dir die Zeit, verschiedene Techniken zu erkunden und auszuprobieren. Statt nur eine Farbe zu verwenden, kannst du zum Beispiel unterschiedliche Farben übereinanderlegen und so deinem Werk mehr Tiefe und Lebendigkeit verleihen. Oder du akzentuierst deine grünen Blätter oder Bäume, indem du etwas Lila und Blau hinzufügst.

SPIELE MIT LICHT UND SCHATTEN

Durch das Hinzufügen von Glanzlichtern und Schatten verleihst du deinen Illustrationen eine dreidimensionale und realistische Wirkung. Berücksichtige die Lichtquelle in deiner Komposition und experimentiere mit dunkleren Blautönen für Schatten anstelle von Schwarz oder Grau. Da es aber eine Frage der persönlichen Vorliebe ist, kannst du verschiedene Möglichkeiten, Schatten zu erzeugen, ausprobieren und entscheiden, was für dich am besten geeignet ist.

SCHRAFFURTECHNIK

Schraffieren ist eine fantastische Technik, mit der du deiner Kolorierung mehr Tiefe und Struktur verleihen kannst. Achte auf die Richtung und Abstände deiner Linien, damit sie ruhig und gleichmäßig wirken. Versuche, statt ungeordneter Striche einen Verlauf zu erzeugen, indem du für deine Schraffuren eine Richtung bestimmst. Wenn du Schatten hinzufügen möchtest, probierst du es am besten mit einer Kreuzschraffur, das heißt, du zeichnest über eine Lage von parallelen Strichen eine zweite Lage überkreuz. Dies verleiht deiner Zeichnung mehr Tiefe. Greife beim Schraffieren ruhig auch zu verschiedenen, harmonischen Farben. Experimentiere mit unterschiedlichen Farben, um herauszufinden, was am besten aussieht.

So gehst du beim Schraffieren am besten vor:

1. Beginne zunächst mit einem hellen Grundton und male dein Motiv flächig aus. Nimm eine etwas dunklere Farbe und füge Schraffuren in einer Richtung hinzu. In diesem Stadium erkennst du sicher schon, wie deine Oberfläche wirkt. Wenn du ein Tier ausmalst, kannst du mit verschiedenen Farbtönen weitere Striche hinzufügen, um einen Felleffekt zu erzielen.

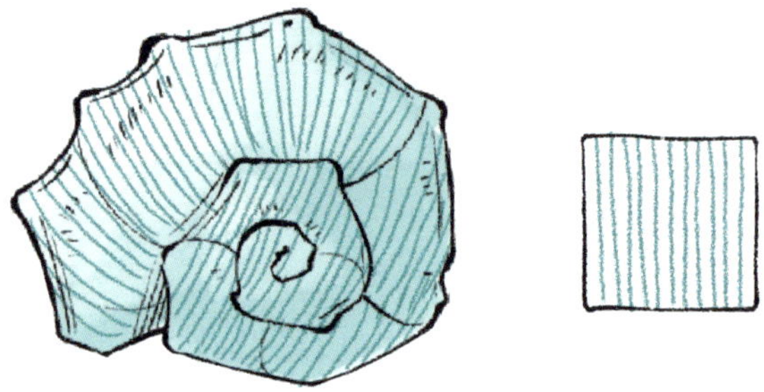

2. Als Nächstes definierst du mit einem etwas dunkleren Farbton den Schatten und zeichnest beim Schraffieren die Linien in die entgegengesetzte Richtung, sodass eine Kreuzschraffur entsteht.

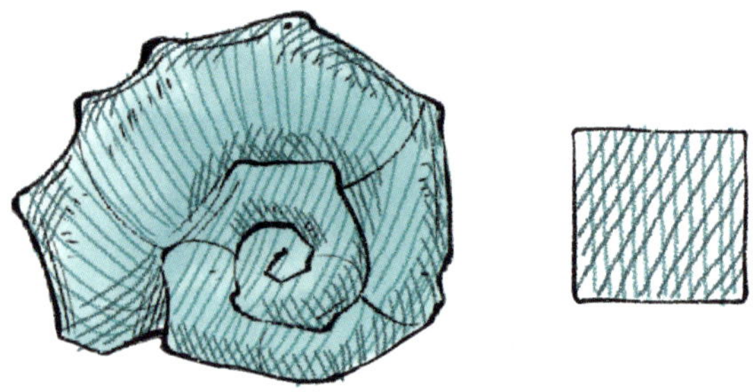

3. Abschließend kannst du mit einem noch dunkleren Ton für mehr Tiefe sorgen. Dabei solltest du deine Schatten auch mit harmonischen Farben verstärken und zudem versuchen, die Linien deiner Schraffur in eine andere Richtung verlaufen zu lassen. So verleihst du deiner Kolorierung mehr Tiefe.

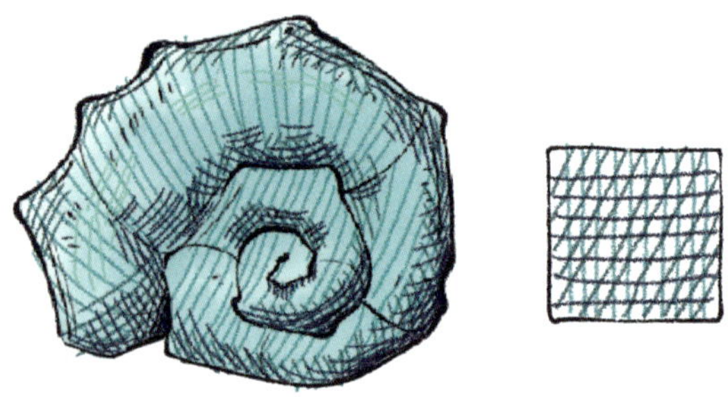

TEXTUREN ÜBEN

Texturen verleihen deiner Kolorierung einen schönen Effekt, sind aber manchmal auch sehr knifflig. Wenn du Probleme mit einer bestimmten Textur hast, z. B. einer Holzmaserung oder einem Fell, nimm dir etwas Zeit, um sie vorher zu üben. Verwende Fotovorlagen oder sieh dir reale Objekte in deiner Umgebung an. Links findest du ein Beispiel dafür, wie du Holz kolorieren kannst.

STRICHSTÄRKEN VARIIEREN

Hier ein zusätzlicher Tipp: Wenn du deine eigenen Zeichnungen anfertigst oder sie zu deinen Ausmalbildern hinzufügst, solltest du die Stärke deiner Linien verändern und nicht bei nur einer Stärke bleiben. Das bringt Bewegung und Tiefe in dein Bild. Verwende dickere Linien für Schatten und dünnere Linien für Glanzlichter.

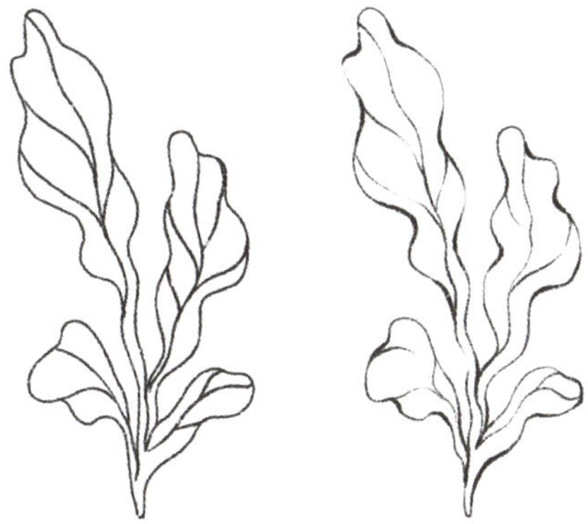

GENIESSE DEN PROZESS

Während du deine Malfähigkeiten verbesserst, solltest du nicht vergessen, den kreativen Prozess selbst zu genießen. Nimm dir Zeit dafür, dich zu entspannen und zu regenerieren, während du deine Kreativität auslebst. Sorge für eine gemütliche Atmosphäre beim Ausmalen, indem du inspirierende Musik hörst, Kerzen anzündest und genüsslich eine Tasse Kaffee oder Tee trinkst. Lass diese Momente zu einer Quelle der Freude werden, die dir eine kleine Flucht aus dem Alltagsstress ermöglicht.

27

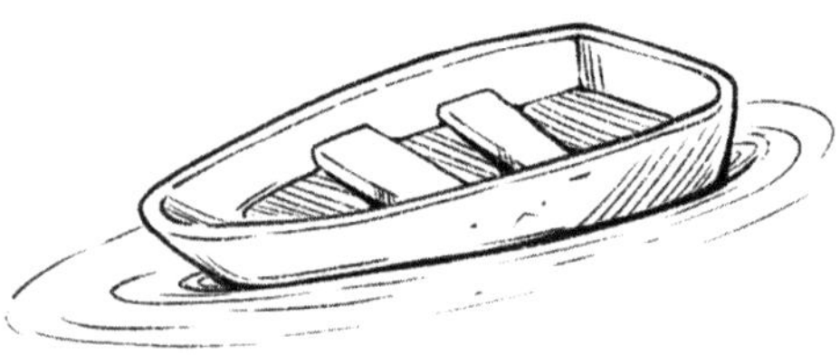

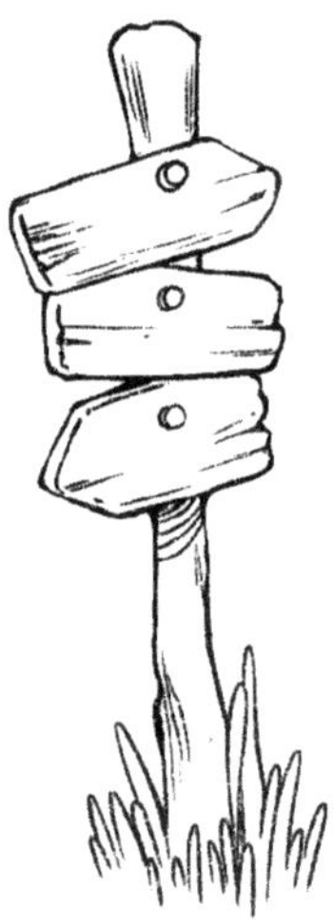

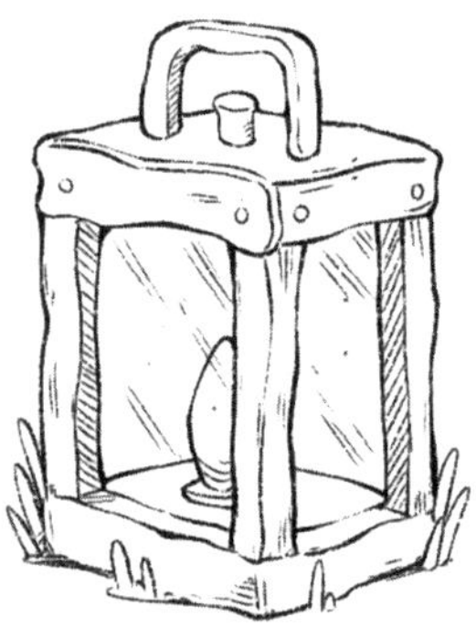

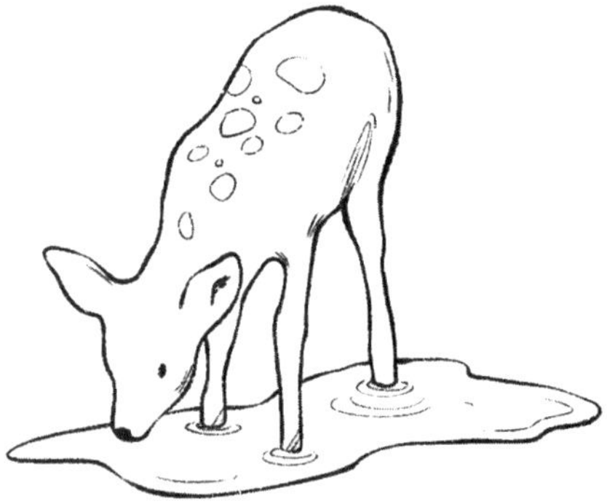

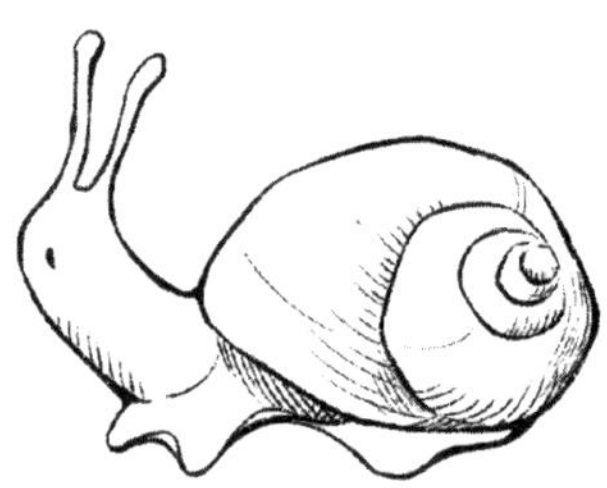

SERENITY
CAMPING

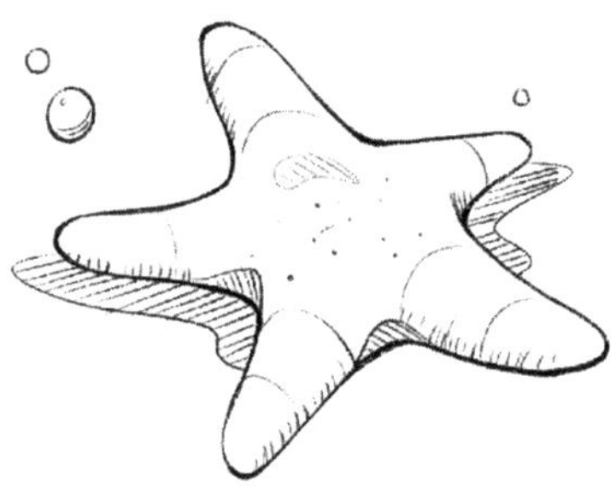

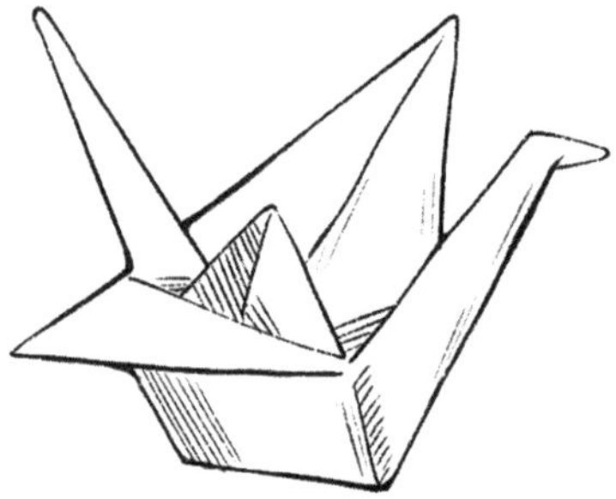

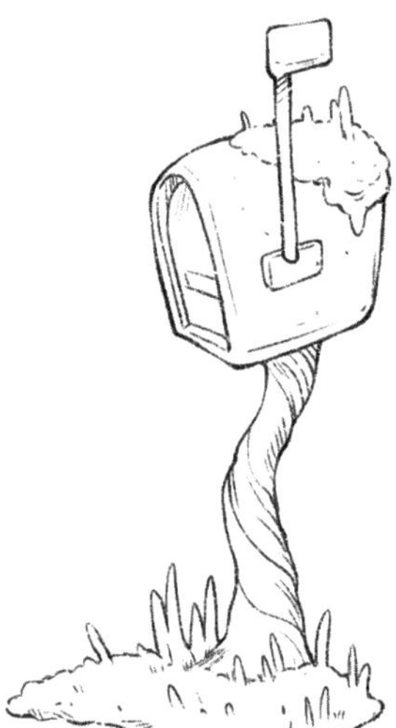

FOREST
HAVEN

INK

JAM

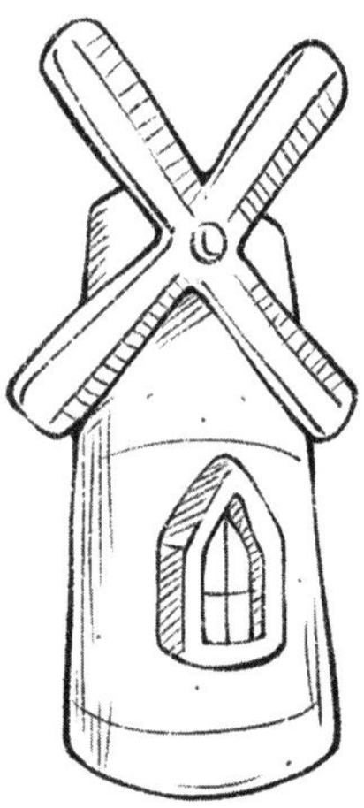

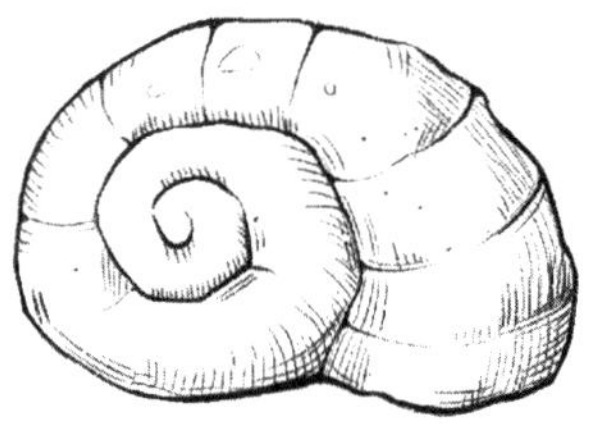

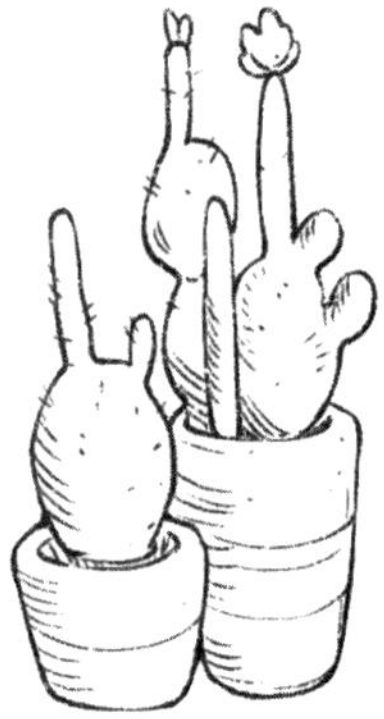

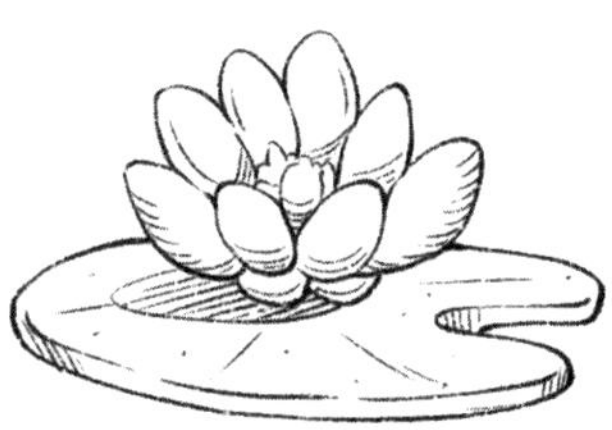

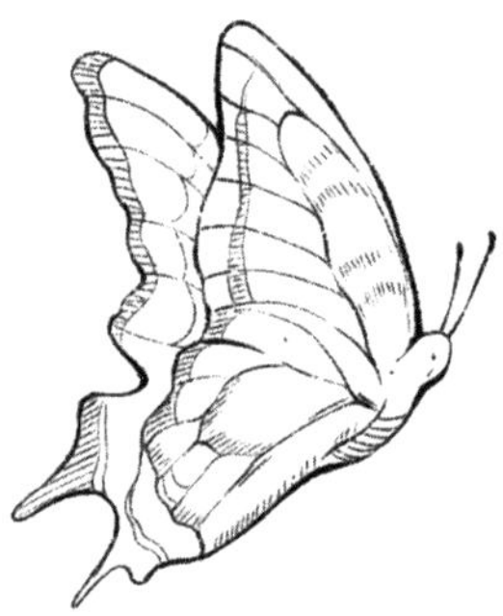

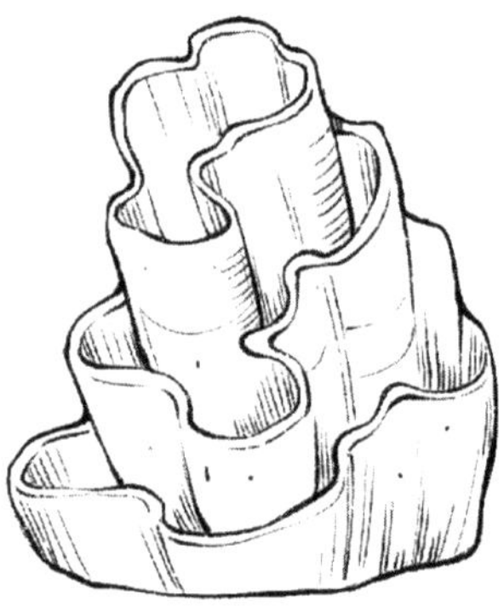

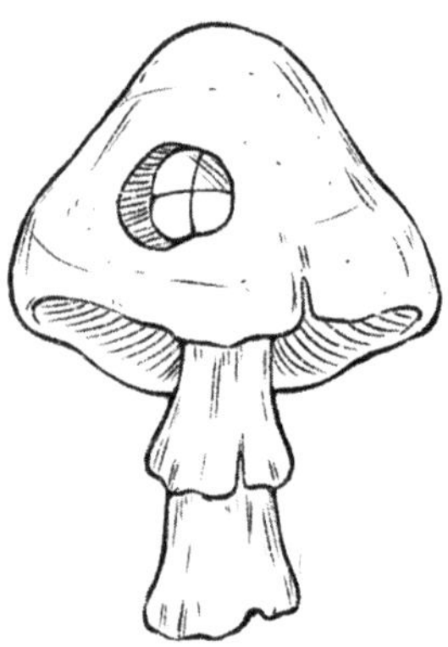

OPEN

Forest
Flowers
OPEN

Impressum

Bibliografische Information der Deutschen Bibliothek.

Die Deutsche Bibliothek verzeichnet diese Publikation in der Deutschen Nationalbibliografie.

Detaillierte bibliografische Daten sind im Internet über http://www.dnb.de/ abrufbar.

EIN BUCH DER EDITION MICHAEL FISCHER

1. Auflage 2024

Cover, Layout & Satz: Anna Obermüller

Redaktion und Lektorat: Saskia Hauck

Übersetzung: Hanne Henninger

ISBN 978-3-7459-2471-8

Gedruckt bei PNB Print SIA „Jansili", Silakrogs, Ropazu novads, LV-2133, Lettland

www.emf-verlag.de